# Un Sueño de Navidad

Elisabeth María

# Un Sueño de Navidad

# Impressum

Bibliografische Information der Deutschen
Nationalbibliothek:
Die Deutsche Nationalbibliothek verzeichnet
diese Publikation in der Deutschen
Nationalbibliografie; detaillierte bibliografische
Daten sind im Internet über http://dnb.dnb.de
abrufbar.

© 2023 Elisabeth María

Lektorat: BoD /Marina González Beas
Korrektorat: BoD / Marina González Beas


Herstellung und Verlag: BoD – Books on
Demand, Norderstedt

ISBN: 978-3-751952644

# Un Sueño de Navidad

## Índice

# Cap. 1 – 21 de diciembre

—Finalmente —piensa Max.

Él y su hermana Lina están en el aeropuerto de Mallorca. Su vuelo desde Stuttgart ha sufrido un retraso de 2 horas debido al mal tiempo en Alemania. Desde hace algunos días está nevando y hay mucha nieve, incluso en los aeropuertos. Por eso los aviones no salen puntualmente. ¡Qué caos!

Pero ahora quieren disfrutar de algunos días de vacaciones. Estos últimos meses han trabajado mucho. Max es médico y en los hospitales falta personal.

Los dos van a buscar sus maletas y en este momento vibra el móvil de Max. Un mensaje por WhatsApp de Ron - de AutosC. Él les está esperando delante del aeropuerto con el coche que han alquilado para los próximos días.

*Ron: Welcome to Mallorca -  I've seen that your flight from Stuttgart has finally arrived. I am waiting in front of the airport.*

*Max: Thank you. We already have our luggage and will meet you in two minutes. See you.*

Delante del aeropuerto ya ven a Ron. Es un señor alto, simpático, con barba y pelo rojo. No es español, es irlandés. Ron viajó a Mallorca hace 20 años para celebrar su A-level con algunos amigos. En un bar en Palma de Mallorca conoció a una chica simpática de Mallorca, se enamoraron y él se quedó.

Ahora es empleado en la empresa de alquiler de coches de su suegro. Esta empresa existe desde hace 40 años y a los clientes les gusta la entrega personal.

—¡Qué practico! —piensa Lina. —No hay que hacer cola, esperar más y estresándonos.

Además pueden organizar todo hablando en inglés. Max y Lina saben hablar muy bien el español, pero como en su vida cotidiana no tienen la posibilidad de practicarlo, están muy contentos de conversar en inglés.

5 minutos más tarde ya están en su coche y viajan en dirección a Selva, un pueblo entre Palma de Mallorca y Alcudia, al inicio de la Tramuntana. Allí quieren pasar sus vacaciones en casa de su amigo Felip.

Max y Felip se conocen desde hace 5 años. Gracias a una beca Erasmus Max pudo estudiar en Madrid y se conocieron en la universidad, en la facultad de Medicina. Son muy buenos amigos, aunque tienen dos personalidades muy diferentes. Felip es muy realista, pero Max es soñador, siempre tiene la cabeza en las nubes.

La ciudad de Selva no está lejos y tienen suerte, a mediodía no hay mucho tráfico en las carreteras.

Cuando llegan a casa de Felip, Felip no está. Se ha ido al pueblo para comprar un décimo para su abuela. Es el 21 de diciembre y falta únicamente un día para el gran sorteo de la

Lotería de Navidad. Hasta hoy la abuela no ha ganado nada en la Lotería de Navidad, pero sigue soñando y le gusta ver el gran sorteo en la tele el día 22 de diciembre.

La abuela les abre la puerta y les muestra su dormitorio.

—Podéis descansar un rato. Supongo que estáis cansados.

—Sí, muy cansados, cansadísimos —dice Max—. Para tomar el avión nos hemos levantado a las 4 de la madrugada. Desgraciadamente hemos tenido que esperar varias horas en el aeropuerto de Stuttgart. Debido a la nieve el avión no podía salir.

—Entiendo —responde la abuela—. Estoy en el jardín. También podéis descansar en el sol.

—Perfecto —contesta Lina—. Llevo muchos días sin ver el sol en Alemania. Siempre hay nieblas y hace frío.

El jardín es una maravilla. Hay naranjas maduras y la abuela les está esperando con un zumo de naranja recién hecho y unas magdalenas.

— ¡Qué rico! —piensa Lina—. Necesito las vitaminas. —Y dos minutos más tarde se ha adormecido bajo el sol.

5   Cuando se despierta oye palabras en alemán. En la casa hay un segundo piso que se alquila. Hay una pareja alemana que pasa medio año aquí en Mallorca. Ya es la segunda vez que pasa varios meses en
10  Selva. Organizan eventos y tienen que viajar mucho. Con el teletrabajo y un wifi estable pueden organizar mucho desde su isla preferida. Por la mañana trabajan, por la tarde hacen excursiones, juegan al golf o
15  descansan en el jardín. Cada día nadan en la pequeña piscina. El agua tiene actualmente 15 grados únicamente.

—Demasiado frío —piensa Lina— pero esta pareja me parece muy amable.
20  —Viven en Baviera —les explica la abuela— pero el marido es de la Selva Negra. Quizás es de su zona.

—Voy a preguntarles mañana —piensa Lina— pero ahora necesito una ducha y un
25  bocadillo.

# Cap. 2 – 22 de diciembre

Max se despierta a las 7:30 h de la mañana.
Hoy no tiene que hacer nada, está de
vacaciones en casa de su amigo Felip y
podría dormir más. Pero debido a su trabajo
en el hospital siempre se despierta de muy
buena hora.

En la casa ningún ruido, todo está muy
tranquilo.

—Voy a dar un paseo y tomar un café en la
plaza —piensa.

No quiere despertar a su hermana. Se
levanta, se ducha rápidamente, se pone su
abrigo. Por la mañana todavía hace frío. Sale
de la casa y pasea por las calles tranquilas
del pueblo. En el centro hay una panadería ya
abierta. Compra una ensaimada y pide un
cappuccino. Se pone en una de las mesas en

la plaza y admira la iglesia de Selva mientras

toma su café.

La iglesia Sant Llorenç de Selva está en una
colina. Ya es muy vieja y está construida
sobre las piedras típicas de esta zona.

Max sube la colina y ve como el sol de
diciembre se alza desde el mar. Desde la
colina tiene una vista maravillosa hasta
Alcudia.

—Ver el mar —piensa él—, estar con amigos,
celebrar Navidad con una familia...

Navidad ha sido siempre su fiesta preferida
del año, una ocasión de volver a su pueblo
natal en la Selva Negra. Pero este febrero
han muerto ambos sus padres y por eso él y

su hermana están muy contentos de poder
celebrar esta fiesta en Mallorca.


Cuando vuelve de su paseo matinal ya son
las 9. La abuela está en el salón delante de la
tele, y su hermana le hace compañía. En la
tele retransmiten el gran Sorteo de la Lotería
de Navidad desde el Teatro Real en Madrid.
Max recuerda. Durante sus estudios en
Madrid él fue a la famosa lotería Doña
Manolita para comprar su décimo. Y el día 22
de diciembre se puede ver la transmisión del
sorteo en todos los bares de la capital.


Pero la abuela y su hermana no miran la tele.
Están charlando. La abuela mira con interés
el libro que ellos han traído desde Alemania:
"La Selva Negra". Su hermana le muestra a la
abuela en un mapa dónde está su pueblo
natal y le explica la tradición de los famosos
"Bollenhüte", rojos para las chicas todavía no
casadas y negros para las mujeres casadas.


Al final del sorteo, la abuela suspira.
—No me ha tocado. —Sonríe ella—. Quizás

el año próximo. Voy a poner este décimo en mi caja con los demás. Hago colección de décimos, cada año hay un motivo diferente.

5      Décimo (no premiado) del año 2021

—¿Qué hacemos con el resto del día? —les pregunta Felip—. Podemos ir a Palma de Mallorca. La decoración de Navidad es

10     estupenda y podemos tomar un aperitivo. Conozco un bar con vistas maravillosas a la Catedral de Palma.

—De acuerdo —le responde Lina—. Pero primero tenemos que hacer las tareas de

15     casa. He prometido a tu abuela de ayudar, porque su cuidadora, que normalmente hace las tareas de casa, está enferma.

—Y hay que llevar el cochinillo a la panadería —añade la abuela—. Ellos lo preparan en su

horno el día de Navidad. Esto es una tarea
para vosotros, chicos.

Delante de la lotería del pueblo hay mucha
gente celebrando. "Nos ha tocado" gritan —
en esta lotería se ha vendido un décimo
premiado—. El comprador (¿o la
compradora?) todavía no se ha mostrado
pero los compradores habituales celebran sin
embargo. Es una alegría para todos y el
vendedor ya se ha puesto una camiseta:
"Segundo premio vendido aquí".

Por la tarde, con todas las tareas hechas, los
tres toman el coche y van a Palma para
divertirse.

Pasan por campos con árboles muy
interesantes.

—¿Qué tipo de árboles son? —pregunta Lina.

—Son almendros —responde Felip—.
Tenemos muchísimos, Mallorca es famosa
por sus almendras y por la floración de los
almendros. Muchos turistas vienen para ver
esto. Es una maravilla. Según una leyenda un
rey moro de Mallorca plantó los almendros

porque su mujer, el gran amor de su vida, una princesa de un país del norte echaba de menos la nieve. Cuando caen las flores de los almendros parece nevar…

5   —¡Qué romántico! —piensa Lina.

—Podemos pedirle a la abuela que haga su famosa tarta de almendras (gató de almendras) —dice Felip—. Está muy rica y además es perfecta para celiacos, no lleva
10  harina.

# Cap. 3 – 24 de diciembre

La Nochebuena por la tarde van otra vez a Palma, quieren ir a la Misa del Gallo.

Llegados a Palma, dan una vuelta por el paseo del Borne, la avenida más elegante de Palma.

La decoración de Navidad es una maravilla y en un escaparate hay un belén muy grande. Se acercan para ver todo muy bien. Aparte del pesebre con el Niño Jesús, María y José hay muchísimas figuras más, como gente del pueblo, además de figuras representando eventos actuales. Hay una figura con trenzas rubias llevando un cártel con "no hay un planeta B".

—Greta en un belén en Mallorca —piensa Lina—. Qué interesante.

Pero lo que llama más su atención es un pequeño pastor agachado con los calzones bajados.

—Es el "caganer" —le explica Felip—. No debe faltar en nuestros belenes. Es un pastor que se defeca. El origen de esta figura es

algo confuso y no hay unanimidad entre los
historiadores. Los belenes son algo muy
tradicional en Mallorca. En muchas familias
se ponen ya el día 8 de diciembre, en la
Inmaculada.


—Poco después del 6, día de San Nicolas —
dice Lina.

—Correcto —responde Felip—, pero el 6 de
diciembre para los españoles es el día de la
Constitución del año 1978. Se conmemora el
referendúm para adoptar la Constitución
después de la época de Franco.

Para tomar el aperitivo van a un bar con
vistas a la Catedral de Palma. Un amigo de
Felip es camarero en este bar. Le gusta su
trabajo, es un bar muy conocido y finalmente
tiene un trabajo estable y bastante bien
pagado. No cobra un salario muy alto, pero la
propina ayuda.

—Finalmente ha encontrado este trabajo —
les explica Felip—. Hay mucho paro entre los
jóvenes. Según la estadística de la UE más
reciente el paro entre los menores de 25 años
es el más alto de toda la UE. En Alemania
hay un 6 %, en España tenemos un 34%.

Max y Felip toman un jerez, Lina un cava.
Para picar hay aceitunas, jamón y pulpo a la
gallega.

—¿Es esto jamón de bellota? —pregunta
5   Lina.

—No —le contesta el camarero—, el jamón
de bellota es mucho más caro. Pero es jamón
ibérico.

—Para Navidad tenemos de bellota en casa
10  —le explica Felip—. Es la única ocasión en la
que compramos este tipo de jamón.

—Qué vista maravillosa —piensa Lina—. Y
después tenemos la ocasión de ir a la Misa
del Gallo.

15

En la víspera de Navidad tiene lugar una de
las celebraciones religiosas más esperadas
del año: la Misa del Gallo, que incluye el
"Cant de la Sibila", declarado Bien de Interés
5    Cultural (BIC) en 2004 y Patrimonio Inmaterial
de la Humanidad en 2010 por la UNESCO.

—¿Vamos a ver a la familia real en la
catedral? —pregunta Lina—. He leído en
"Hola" que van a la misa cuando pasan sus
10   vacaciones en Mallorca.

—Es correcto —le responde Felip—, pero la
familia real siempre pasa sus vacaciones de
Pascua en Mallorca. Tienes que volver en
primavera. Puedes ver las tradiciones de la
15   Semana Santa y la familia real, si quieres.

Delante de la catedral La Seu de Mallorca,
una de las más conocidas y visitadas del
mundo, ya hay muchísima gente. Tienen que
pasar por un control de seguridad. —Casi
20   como en el aeropuerto —piensa Lina.

Cuando la Sibila empieza a cantar, Max no lo
puede creer. —He soñado con esta chica —
piensa él—. ¿Cómo puede ser?

Vuelven a casa muy tarde. Han tenido
problemas al salir del aparcamiento. Después
de la misa todo el mundo ha querido regresar
a casa y ha habido un atasco increíble en las
calles de Palma. Están hechos polvo y se
acuestan enseguida.


El día de Navidad se reúne la familia. Han
venido todos los tíos, los sobrinos, los primos.
Se come turrón y el cochinillo preparado en el
horno de la panadería. El "Winzersekt" de la
región de Baden en Alemania que Max y Lina
han traído les gusta a todos. Es muy diferente
del cava español y es interesante probar algo
nuevo.

—¿Se come turrón en Alemania? —pregunta
una de las sobrinas de Felip.

—No —le responde Lina—, pero tenemos
"Wihnachtsbredle" —y le explica esta
tradición alemana y esta expresión en
dialecto de la Selva Negra.

—¿Por qué hablas tan bien el español? —
pregunta una de las tías de Felip. Por
entonces Lina le explica que se enseña
español en muchas escuelas en Alemania.

—En mi colegio hubo un profesor que nos enseñó español. Él incluso iba a comer paella con sus estudiantes en el "Club Español" de nuestro pueblo. En mi pueblo hay muchas familias españolas. Vinieron en los años 60 a Alemania a buscar trabajo en las fábricas y se quedaron.

## Cap. 4 – 31 de diciembre
## Nochevieja y Adiós Mallorca

El 31 de diciembre es su último día en
Mallorca. Han tenido que cambiar su vuelo a
Alemania porque necesitan a Max en el
hospital.

—Hay tantos colegas enfermos...
Desgraciadamente no podemos quedarnos
hasta el 7 siete de enero —suspira Max.

—¡Qué lástima! —le contesta la abuela—. No
tenéis la oportunidad de ver la llegada y la
cabalgata de los Reyes Magos en Palma.
Tenéis que volver el año próximo —les pide la
abuela.

—Es un día muy importante —explica Felip a
sus amigos—. Son los Reyes Magos que
traen los regalos para los niños en España.
Espero que no haya carbón para mí—. Ríe.

—No, no —responde la abuela—. Tú has sido
bueno, como siempre. —Y empieza a cantar:

YA VIENEN LOS REYES MAGOS

Ya vienen los Reyes magos.

Ya vienen los Reyes magos
al nidito de Belén.

5

Cargaditos de juguetes,
cargaditos de juguetes
para el Niño de Belén.

10  A medianoche están en Palma junto con la
pandilla de amigos de Felip. Cuando el reloj
da las 12 comen 12 uvas al son de las 12
campanadas.

—Esta tradición me gusta —piensa Max—.
15  Recuerdo mi Nochevieja en Madrid en la
Puerta del Sol. Aquel año el famoso reloj de
la Puerta del Sol —después de su
restauración— dio las campanadas más
rápido y los españoles tuvieron problemas al
20  comerse las uvas, muchos se atragantaron...

—Pero en Mallorca el clima es mucho más
agradable. En Madrid con su clima
mediterráneo continentalizado hace mucho
frio en invierno. Y estos vientos fríos de la
25  Sierra de Guadarrama... —piensa Max.

-  - Uvas ya listas para comer

De repente oye una tos enorme.

—¡Socorro! ¿Hay un médico por aquí? Se
asfixia —grita alguien. Max y Lina corren para
ayudar a una chica tosiendo. Al llegar ya todo
está bien. La tos ha ayudado a evitar la
obstrucción de las vías aéreas de esta chica.
—Estas uvas malditas —dice ella.

Max le mira en sus ojos bonitos...

—¿No nos conocemos? —le pregunta.

—No, no —le responde la chica, todavía con
la cara llena de lágrimas, debido a la tos
enorme y el miedo que ha tenido—. Personas
desconocidas piensan que nos conocemos.
Eso me ocurre mucho estos últimos días. Es
que he sido la Sibela este año.

—Qué casualidad —piensa Max—, y además
he soñado con ella, antes de la Misa del
Gallo, pero también estos últimos días. Debe
ser el destino… —piensa él, con su cabeza
en las nubes.

Son las 6 de la mañana, empieza un Año Nuevo. ¿Qué aventuras trae?

Están en un bar tomando chocolate con churros después de haber estado celebrando toda la noche.

—En 3 horas sale mi avión a Alemania —explica Max a la Sibela—, pero espero poder volver en primavera. Me gustaría mucho ver las procesiones de la Semana Santa en Palma.

—Y la familia real —dice su hermana—. La historia del Rey Don Felipe y la Reina Doña Letizia es tan romántica.

—Mis amigos románticos... —contesta Felip y piensa que la hermana de su amigo es una chica muy guapa y que va a echarla de menos.


F I N